Mein Conni-Weihnachts-Malblock

Ausgedacht und aufgeschrieben von Hanna Sörensen
Gezeichnet von Uli Velte

2

Connis Adventskalender

Male jeden Tag ein Bild aus! Beginne am 1. Dezember.

21

14

8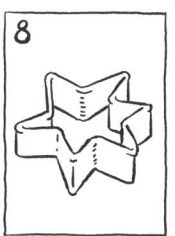

4

22

20

 **15**

 **18**

23

16

2

24

13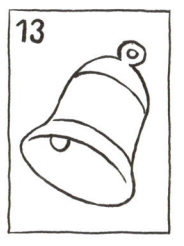

3

12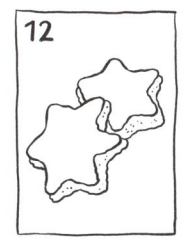

17

9

1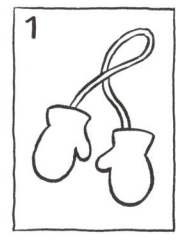

10

11

6

5

7

19

Welche drei Strümpfe sehen anders aus
als die anderen? Kreise diese Strümpfe ein.

Mein Wunschzettel

Male bunte Kugeln
und anderen
Weihnachtsschmuck
an den Tannenbaum.

Kater Mau spielt mit Connis Winterschal.
Male die übrigen Wintersachen von Conni bunt aus.

Drei Ausschnitte gehören ins Bild. Welche sind es?

Wie kommt der Weihnachtsmann zum Haus?
Zeichne erst den richtigen Weg dorthin
ein und male dann alles bunt aus.

Auf jedem Regalbrett passt ein Geschenk
nicht zu den anderen. Entdeckst du es? Kreise ein.

26

Auf dem Weihnachtsmarkt duftet es nach
Lebkuchen, Bratäpfeln und gebrannten Mandeln.
Verbinde jedes Lebkuchenpaar mit einem Strich.

So lange noch bis Weihnachten!
Vertreibt euch die Zeit mit diesem Spiel. Nennt abwechselnd
ein Bild, das die anderen jeweils blitzschnell entdecken
müssen. Wer tippt zuerst auf das richtige Bild?

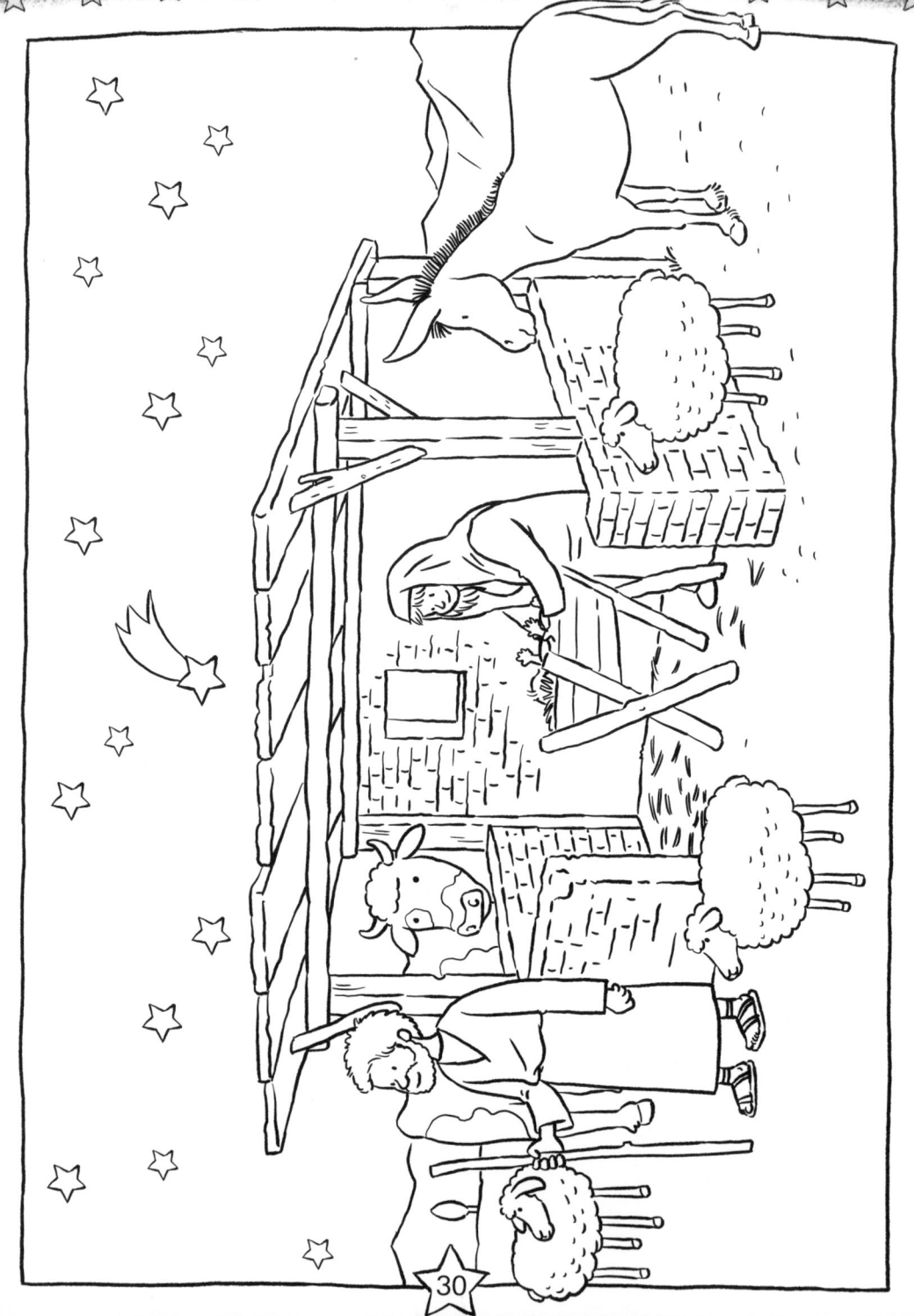

30

Welches Puzzleteil
ist das richtige?
Ziehe eine Linie
und male das Bild
bunt an.

A

B

C

D

Male die Geschenkanhänger an und schneide sie aus.
Falte sie in der Mitte. Stich die Kreise mit einem Locher frei.
Befestige an jedem Anhänger ein Band.

Rückseite   Falz   Vorderseite

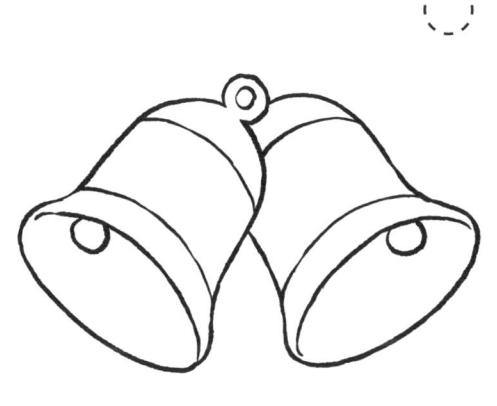

Für

_____

Innenseite

Innenseite

Falz

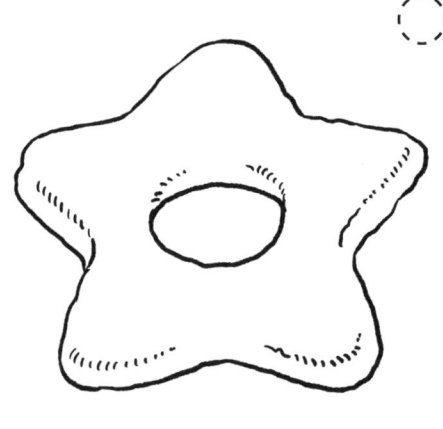

Für

_____

Male in jeder Spalte immer so viele Dinge dazu, dass es sieben werden.

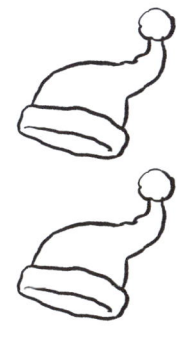

Entdeckst du die sieben
Unterschiede zwischen
den beiden Säcken?
Kreise sie ein.

Was zaubert Conni unter den Tannenbaum?
Verbinde die Punkte.

Entdeckst du diese Dinge im großen Bild? Kreise sie dort ein.

Male die Untersetzer an und schneide sie aus.
Klebe je ein Teelicht im Alubehälter in die Mitte jedes Untersetzers.
Vorsicht: Lasse Kerzen immer nur im Beisein
von Erwachsenen brennen!

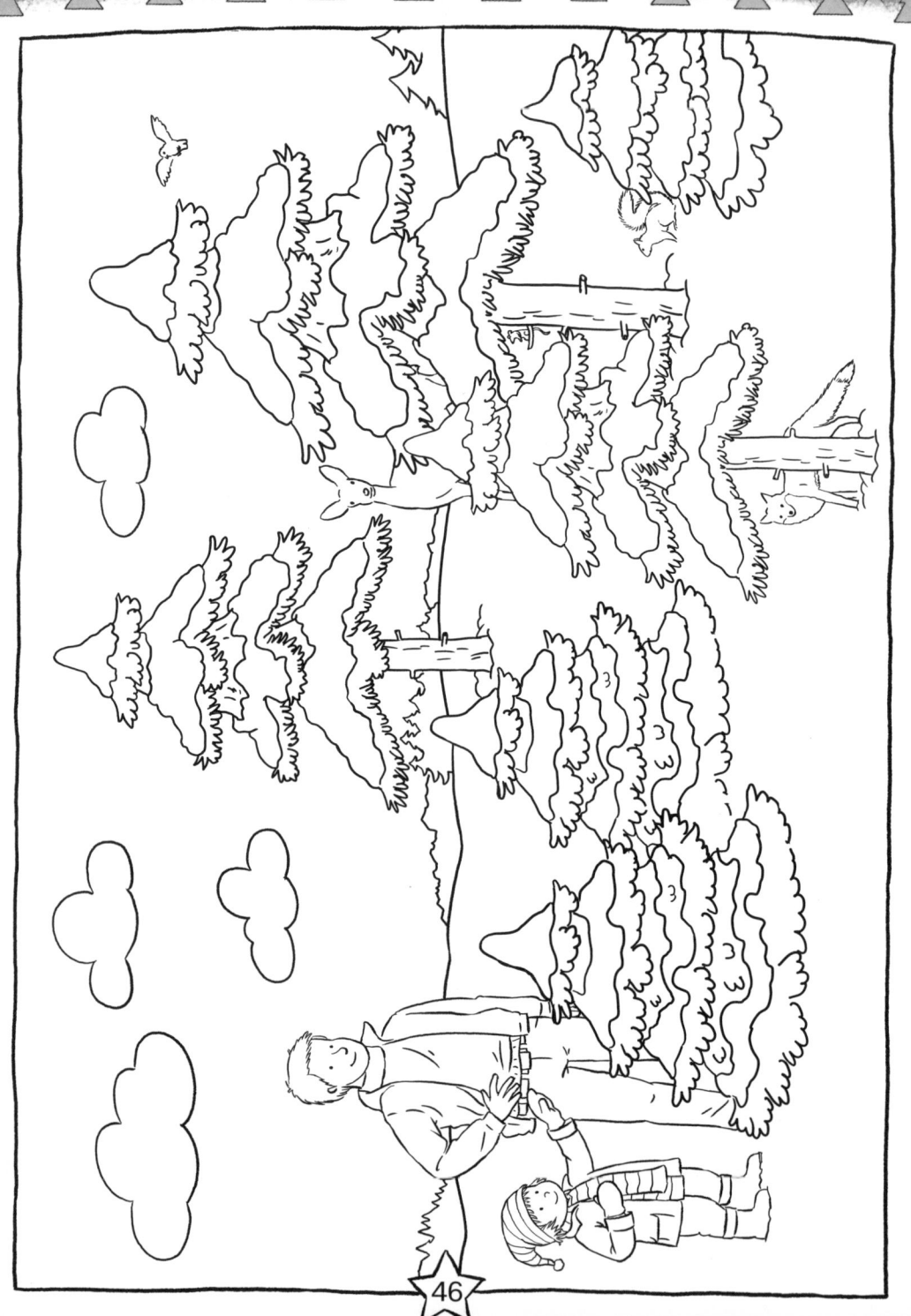

Male alle Felder mit einem Punkt aus. Was erkennst du?

In welchen Kästchen befinden sich immer genau
vier Weihnachtssachen? Male diese Felder bunt aus.

Conni und Jakob bauen einen Schneemann.
Bringe die Bilder in die richtige Reihenfolge.

Fröhliche Weihnachten!

Oje, die meisten Geschenke sind in den Schnee gefallen.
Hilf Conni beim Einsammeln und kreise jeweils drei Geschenke ein.

Welche drei Tiere mögen die winterliche Kälte besonders gern?
Kreise die richtigen Tiere ein.

Mmh, duften die Plätzchen lecker!
Male noch eigene Kekse dazu.

Oje! Ein Kuscheltier ist aus dem Sack gefallen.
Hilf dem Weihnachtsmann, den richtigen Faden
zurückzuverfolgen.

A

B

C

D

Male die Krippenfiguren an, schneide sie aus
und stelle sie auf, indem du die Kanten umknickst.

Falz

Falz

Maria und Josef

Die Heiligen Drei Könige

Falz

Falz

Falz

68

Falz

Falz

Falz

Falz

Falz

Falz

Falz

Falz

Falz

69

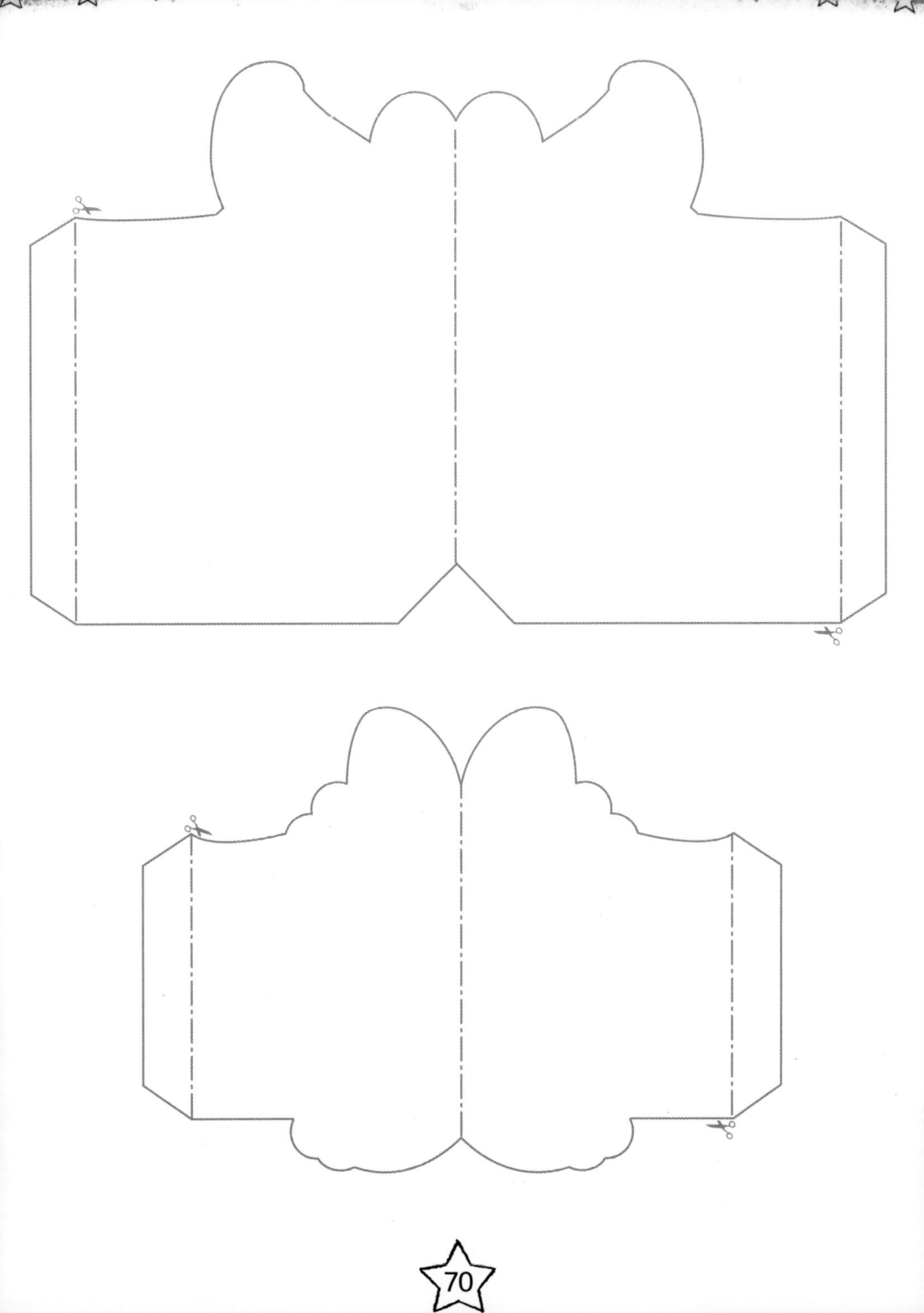

Tipp: Nimm als Krippe für das Jesuskind eine leere Streichholzschachtel. Klebe jeweils ein Zündholz in jede Ecke deiner Krippe und stelle sie auf.

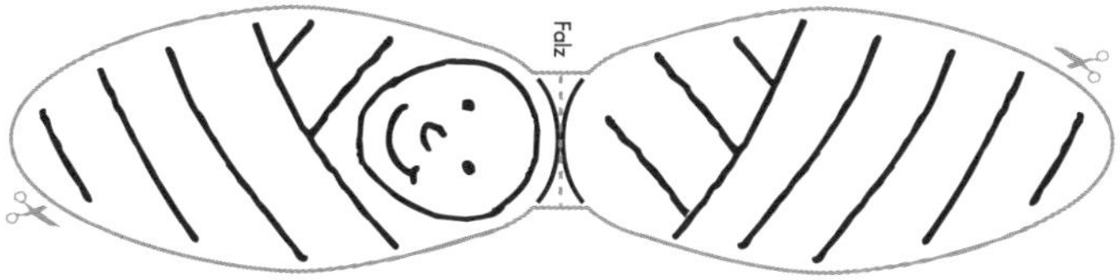

Falz

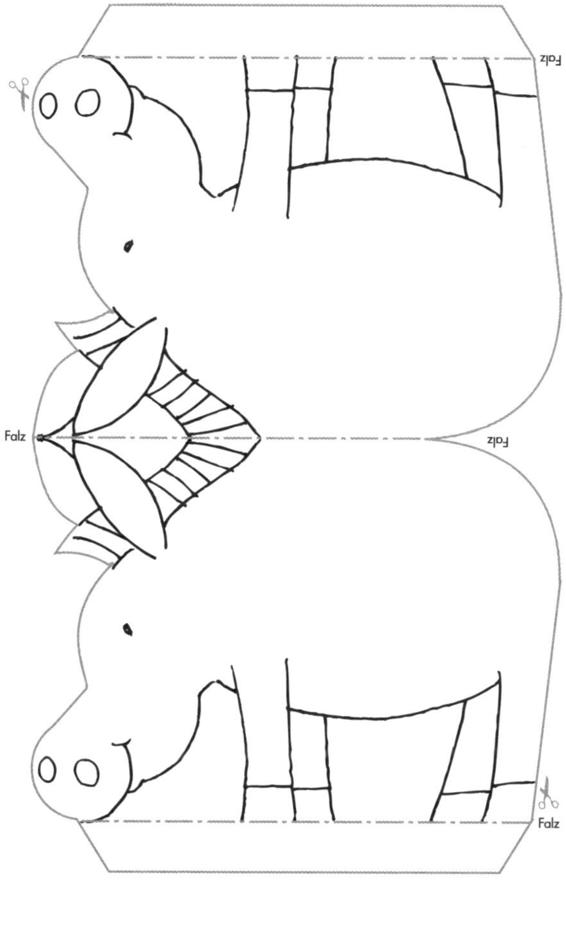

Falz

Falz

Falz

Falz

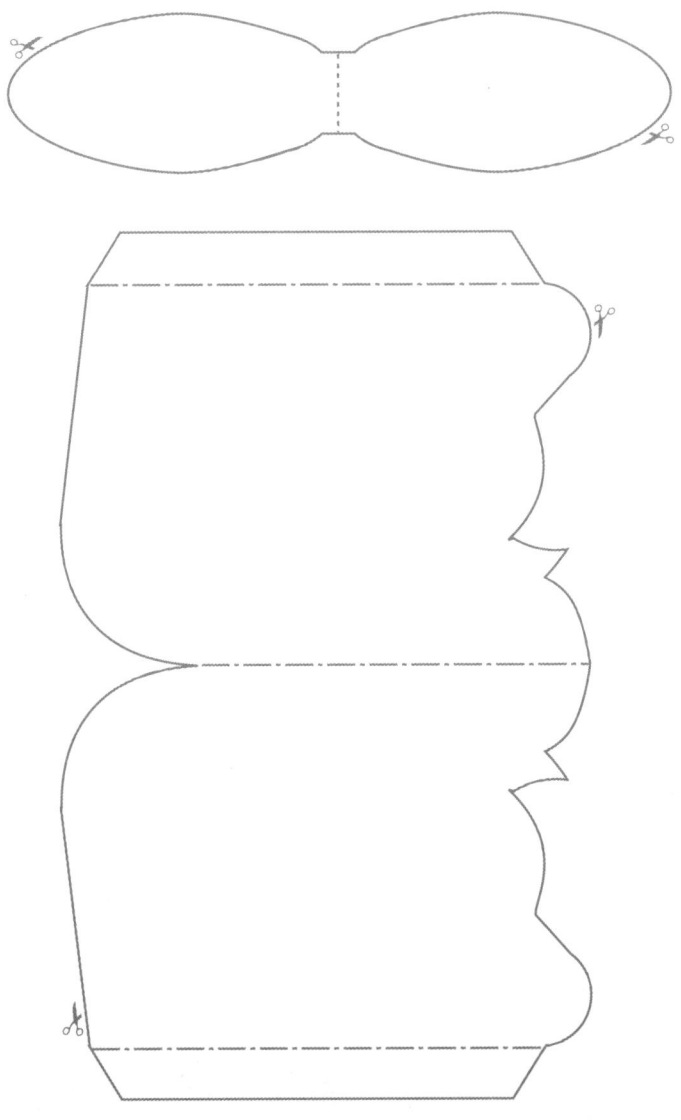

Wie kommt Conni mit ihren Tannenzweigen nach Hause? Die Sterne zeigen dir den Weg.

Conni hat für Jakob, Mama und Papa drei Geschenke eingepackt. Wie viele Geschenke bleiben für Connis Freunde übrig? Trage unten ein.

Zeichne für den Weihnachtsmann den richtigen Weg zu seinem Rentierschlitten ein.

Noch mehr Geschenkanhänger

Falz

Falz

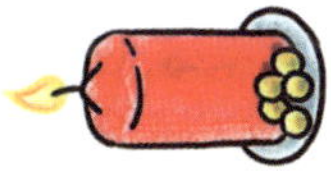

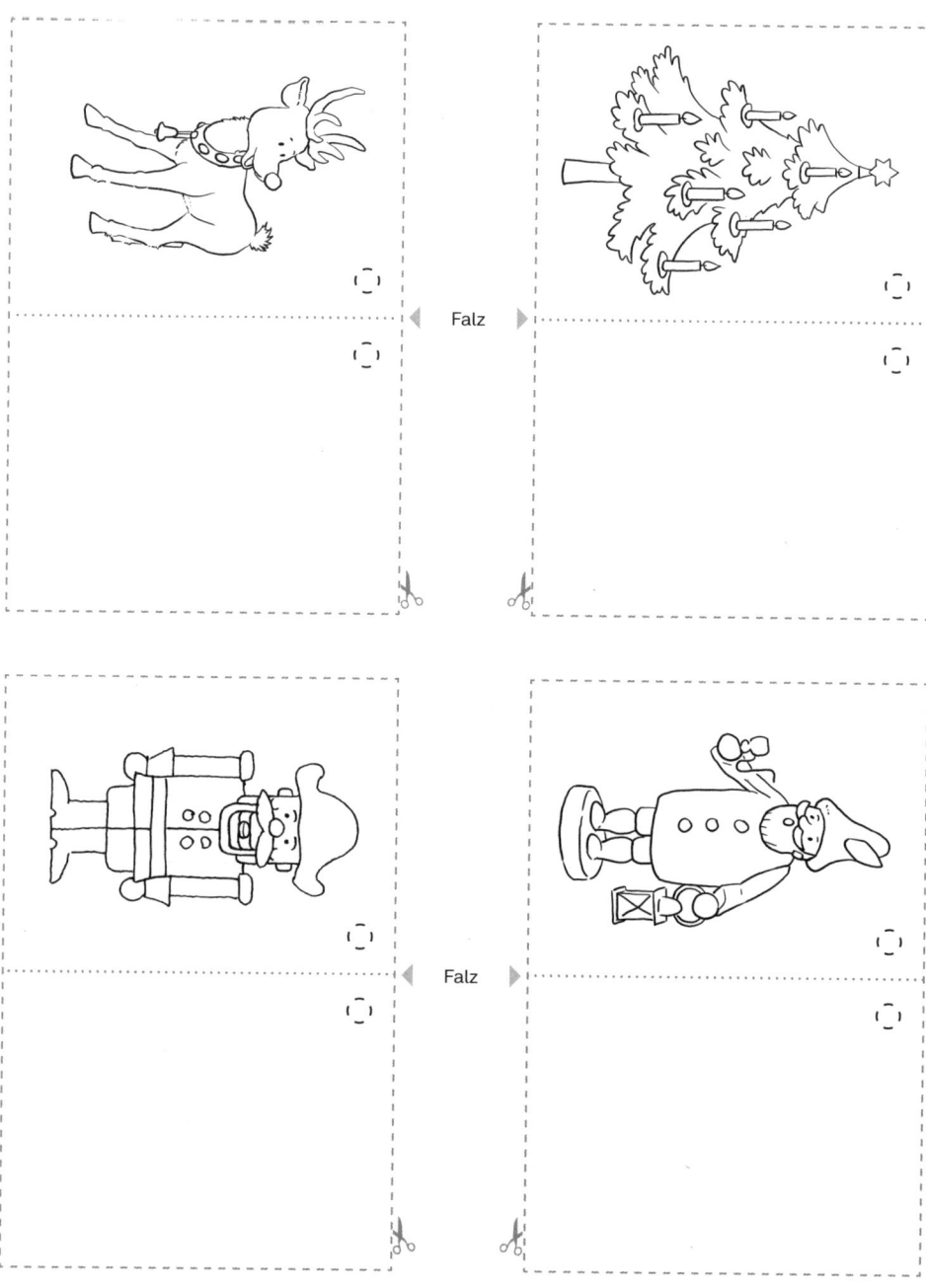

Falz

Falz

Da stimmt was nicht!
Entdeckst du die fünf Fehler im Bild? Kreise ein.

Conni kramt auf dem Dachboden nach dem Weihnachtsschmuck.
Finde die sechs Unterschiede zwischen den Bildern und kreise sie ein.

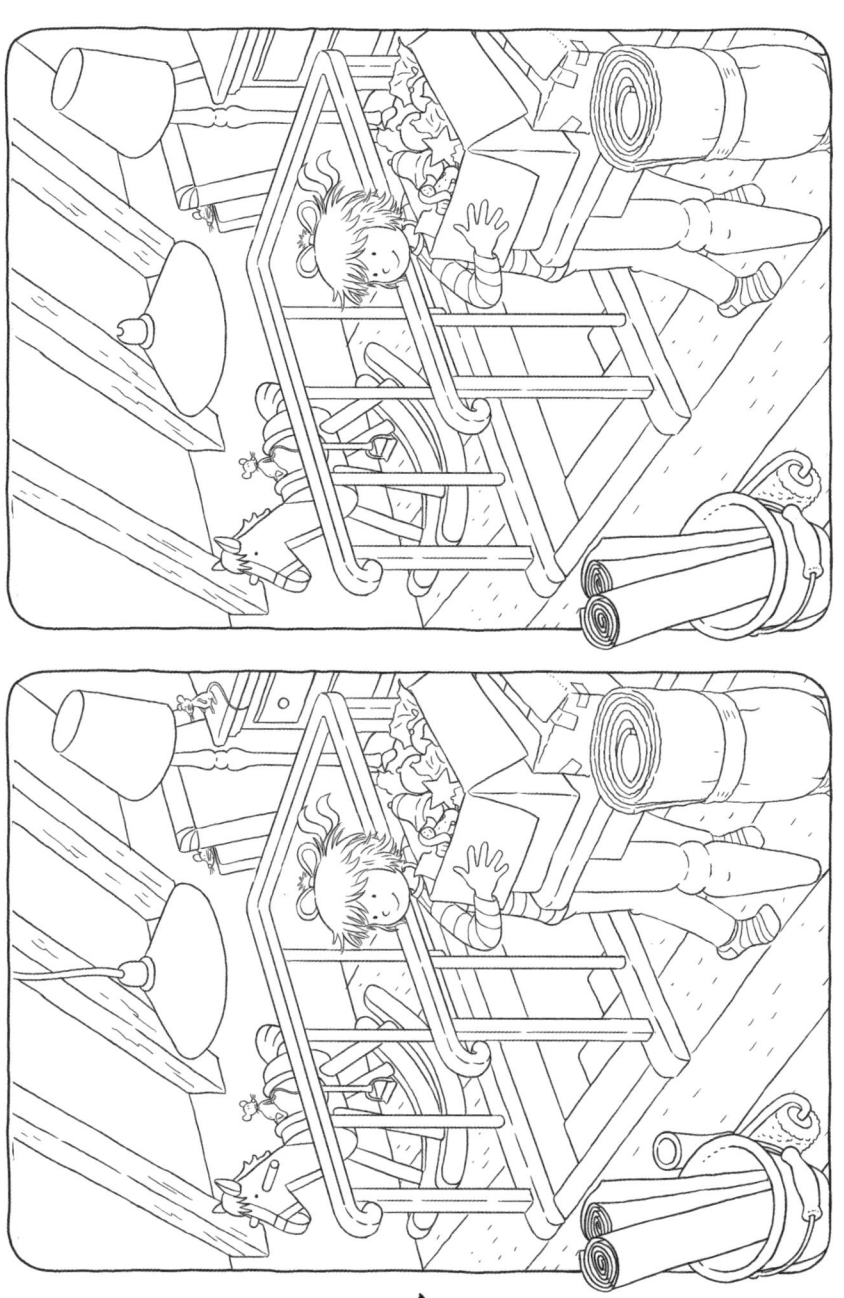

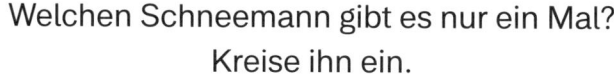

Welchen Schneemann gibt es nur ein Mal?
Kreise ihn ein.

Fröhliche Weihnachten!

So viele Tannenbäume!
Welcher Tannenbaum
unterscheidet sich von
den anderen?

Conni, Simon und Jakob
verkleiden sich als Heilige
Drei Könige.

Lösungen

Seite 6:

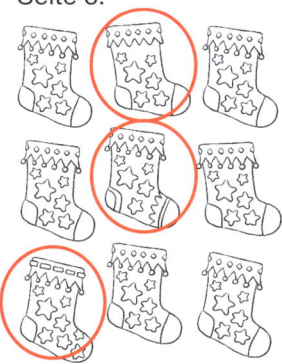

Seite 21:
Abschnitt 1, 3 und 5

Seite 23:

Seite 25:

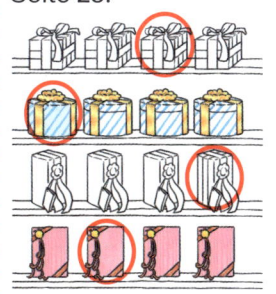

Seite 27:

A – 2, B – 3, C – 1,

D – 4, E – 5

Seite 31:

B

Seite 35:

Seite 37:

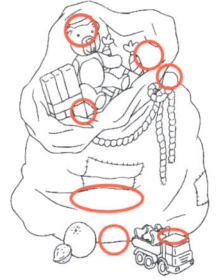

Seite 38:

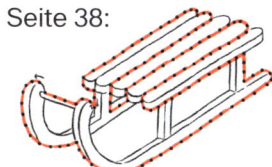

Seite 40:

Seite 48:

Seite 49:

Seite 50:

4   5

1   2

3   6

Seite 54:

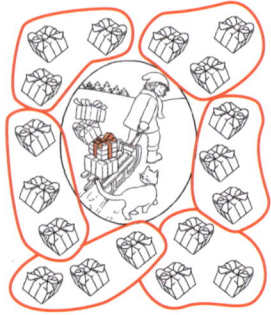

Seite 57:

Seite 61:

C

Seite 73:

Seite 75:

5

Seite 76:

Seite 82:

Seite 83:

Seite 87:

Seite 92: